Inhalt

3. Auflage 2020
© 2017 Verlag Heiderose Fischer-Nagel,
Brunnenstraße 7, D-34286 Spangenberg
Tel.: 05663-280, Fax: 05663-6562
E-Mail: fischer-nagel@t-online.de, URL: www.fischer-nagel.de

Fotos: Dr. Reinhard Radke
außer S. 5, 36, 37: Gabriele Mierke;
über shutterstock: S. 8 o.r. Edwin Butter, 14 Alexy Osokin,
15 o. Lookingforcats, 16 Serge Vero.
Das Gemälde »Jagdleopard und Hirsch mit zwei Indern« von George Stubbs 1764 auf S.11
wurde freundlicherweise von **www.BillerAntik.de** bereitgestellt.

Druck: Grafisches Centrum Cuno GmbH & Co. KG, Calbe
Printed in Germany

ISBN 978-3-930038-63-3

Heiderose und Andreas Fischer-Nagel
Reinhard Radke

Geparde
Rasante Jäger

Verlag Heiderose Fischer-Nagel

Das schnellste Tier der Welt

Die Nacht in der Savanne Afrikas ist kühl. Während sich die nächtlichen Jäger zur Ruhe begeben, werden im orangenen Licht des Sonnenaufgangs viele Huftiere und die tagaktiven Raubtiere munter.

Die karge Landschaft der Savanne mit ihren Gräsern, den vereinzelten Dornenbüschen und Bäumen bietet wenig Schatten und Deckung. Während der Trockenzeit sieht alles verbrannt, gelb und braun aus, aber in der Regenzeit verwandelt sich die unwirtliche Region für ein paar Monate in ein saftiges, grünes Weideland, das vielen Tieren Nahrung bietet.

Afrika begeistert uns mit seinen wilden Tieren. Wir bestaunen riesige Gnuherden, die Tausende von Kilometern über die Savanne ziehen, Flüsse durchqueren, in denen Krokodile auf Beute lauern. Elefanten durchstreifen große Gebiete, während die meisten Antilopenarten täglich nur zwischen Weiden und Wasserstellen pendeln. Giraffen und Affen tummeln sich in den Buschländern, wo sie Futter und Wasser finden. Scheinbar ist alles friedlich und doch droht ständig Gefahr.

Die afrikanische Tierwelt erscheint uns besonders exotisch, weil hier die letzten Großtiere der Welt vorkommen. Daneben gibt es dort aber auch zwei ganz schnelle Sprinter: Den Vogel Strauß, das schnellste zweibeinige Landtier, und den schnellsten Vierbeiner der Welt, den Gepard.

Mit seinen langen Beinen und seiner Geschmeidigkeit erreicht dieser gefährliche Jäger ein rasantes Tempo. Ein gut gezielter Tritt in die Hinterbeine bringt die Beute zu Fall. Sofort wird sie dann am Hals gepackt. Ein fester Kehlbiss drückt die Halsschlagadern ab, bis das Opfer bewusstlos ist und schließlich erstickt.

Gepard oder Leopard?

Leicht wird der Gepard mit dem Leoparden verwechselt.
Das gefleckte Fell beider Raubkatzen gilt als deutliches Erkennungsmerkmal und doch sind sie ganz unterschiedlich:

Der Gepard

Das Fell des goldgelben Gepards ist am Bauch heller und auf dem Rücken sowie dem zierlichen Kopf dunkler. Das gesamte Fell ist von kräftig schwarzen Tupfen übersät. Sogar der Schwanz des Tieres ist, bis auf sein geringeltes Ende, getupft.

Die schwarzen, typischen »Tränenstreifen«, die Augen und Mundwinkel verbinden, zählen zu den einzigartigen Erkennungsmerkmalen des Gepards, ebenso die schwarze Umrandung des Mauls, die beim Drohen besonders gut zu erkennen ist.
Jeder Gepard hat seine ganz persönliche Fellzeichnung, die ihn unverwechselbar macht. Sie ist so einzigartig wie der menschliche Fingerabdruck. Perfekt an seine schnelle Jagdweise angepasst ist er ein Leichtgewicht auf langen Beinen. Vom Boden bis zur Schulter sind es bei Männchen bis zu 90 cm, ihr Gewicht liegt dabei nur zwischen 35 Kilogramm

bei jungen Weibchen und 65 Kilogramm bei starken Männchen.

Von der Nasenspitze bis zum Schwanz-ende messen Geparde bis zu 2,30 m, wobei aber der Schwanz alleine schon 80 cm ausmacht.

Ihre Pfoten tragen ein festes Polster wie aus Hartgummi. Zusammen mit den Krallen, die fest verankert und nicht einziehbar sind, bietet ihnen das gute Bodenhaftung, wenn sie mit einer Ge-schwindigkeit bis zu 100 km/h ihrer Beu-te wie ein Windhund hinterherstürmen.

Der Leopard

Im Vergleich zum Gepardenfell sind die Tupfen des Leoparden jedoch große, runde Kreise, die innen hell und außen dunkel sind. Meist sind sie zu Rosetten geordnet und ergeben verschiedene Muster. Je nachdem, wo die Leoparden leben, gibt es körperliche Unterschiede in Größe und Gewicht.

Der Leopard ist im Gegensatz zum Ge-parden ein Nachtjäger und bevorzugt andere Jagdgebiete als der Gepard.

Er ist deutlich kräftiger gebaut, nicht so schlank und elegant, ein gefährlicher Kämpfer, der dem deutlich höheren Geparden gewichts- und kräftemäßig überlegen ist und eine echte Gefahr für diesen darstellt.

Jagdgehilfe des Menschen

Die Jagdweise des Geparts faszinierte die Menschen des Vorderen Orients schon vor 5 000 Jahren.

Reiche Adlige ließen die edle Raubkatze fangen, dressierten sie und machten sie zu ihrem Jagdgehilfen, indem sie sie wie einen Hund abrichteten. Das beweisen Knochenfunde und Aufzeichnungen auf Tontafeln, die die Archäologen in diesen Gebieten fanden.

Eine Abrichtung zum »Jagdleoparden«, wie die Menschen ihn dann fälschlich nannten, dauerte ungefähr drei Monate. Die Tiere wurden in Ställen gehalten. Erst wenn menschliche Kundschafter die Beutetiere entdeckt hatten, holte man sie herbei, stülpte ihnen während des Transports in Wagen Hauben über den Kopf, um sie ruhig zu halten. Erst am Ziel erlöste die Jagdgesellschaft sie von den »Fesseln« und ließ sie auf die Beute los. Um dieses Jagdverhalten des Geparts nutzen zu können, mussten die Tiere wild aufgewachsen sein, denn, wie wir noch sehen werden, erlernen sie ihr Jagdverhalten von ihrer Mutter. In Gefangenschaft würden sie diese Fähigkeit nicht entwickeln.

In Ägypten

Etwa 1500 vor Christus kamen die Ägypter auf den Nutzen des Jagdgeparts. Die Pharaonin Hatschepsut war fasziniert von diesen Tieren und beobachtete sie auch in freier Wildbahn. Die Jäger, denen es gelang, dieses elegante Tier zu fangen, bedachte man mit Ruhm und Ehre. Sie galten als Auserwählte der Götter.

In Indien

In Indien wurde den asiatischen Geparden besonders schlimm zugesetzt. Einige Moguln besaßen über 1000 (!) Geparde, die gelegentlich zu Luxusjagden eingesetzt wurden. Durch die rücksichtslose Entnahme von Wildtieren starben Geparde in Indien aus.

In Europa

Und sogar bei uns gehörten diese Jagdleoparden zum Luxus der Könige und
Kaiser. Es war Alexander der Große, der
335 vor Christus Geparde nach Europa
brachte.

Bald wurden die armen Tiere zu den besonders exotischen »Haustieren« reicher
Menschen.

*Gemälde »Jagdleopard und Hirsch mit zwei Indern« von
George Stubbs 1764*

Gepardenland

Den Gepard findest du heute fast nur noch in Afrika, in den Savannen und Steppen, dem Buschland und Halbwüsten, wo er genügend Deckung findet. Hier kann er sich möglichst ungesehen an seine Beute heranschleichen und mit seinen scharfen Augen Feinde oder Beute schon in weiter Ferne erblicken.
Die Termitenhügel der Savanne dienen dem Gepard als willkommene Aussichts- und Ruheplätze. Er ist ein Sichtjäger und hat von hier aus alles im Blick.

Masai Mara

Das kenianische Reservat Masai Mara, in dem die meisten Bilder dieses Buches entstanden, ist eine afrikanische Hochebene. Du findest dort zahlreiche typisch afrikanische Tiere wie Löwen, Leoparden, Hyänen, Zebras, Elefanten, verschiedene Huftiere und eben Geparde. Es gilt als eines der letzten Tierparadiese und wird von vielen als »das Gepardenland« angesehen. Tatsächlich finden sie dort das ganze Jahr über Beutetiere und gute Jagdbedingungen. Die vielen Löwen und Hyänen machen ihnen aber das Leben schwer und zahlreiche Jungtiere werden von den stärkeren Konkurrenten getötet.

Keine Scheu vor Touristen

Die Masai, die einst als Nomadenvolk hierher kamen, leben seit über 200 Jahren mit Geparden in einer meist friedlichen Gemeinschaft. Denn anders als Löwen, Hyänen und Leoparden greifen Geparde ihre Rinder nicht an. Allerdings kommt es heute immer häufiger zu Konflikten, weil mangels natürlicher Beute Schafe oder Ziegen gerissen werden.

Der Gepard, in der Suaheli-Sprache »Duma« genannt, hat die Scheu vor den Touristen verloren. In unmittelbarer Nähe lassen sie die Fototermine über sich ergehen.

Geparde gründen keine Familie

Gepardenweibchen sind Einzelgängerinnen. Einige durchwandern riesengroße Gebiete, die bis zu 800 Quadratkilometer groß sein können. Nur in der Zeit, in der sie ihre Jungen führen, sieht es aus, als ob eine Familie unterwegs ist.

Auch Geparde, die gerade von der Mutter verlassen wurden, ziehen manchmal noch ein paar Wochen gemeinsam umher. So können sie sich gegenseitig helfen, denn sie sind noch unsichere Jäger.

Beobachtest du eine größere Gruppe von Geparden, handelt es sich meist um Männchen *(Bild links)*, teilweise Geschwister, die zu zweit oder zu dritt unterwegs sind. Im Gegensatz zu den Weibchen sind Männchen sesshaft. Sie versuchen feste Reviere zu erobern, die sie dann mit Harnspritzern *(Bild unten)* markieren und gegen

andere Männchen verteidigen. Solche Reviere sind selten größer als 40 Quadratkilometer – also viel kleiner als die großen Regionen, die von den Weibchen durchwandert werden. Kämpfe unter Gepardkatern sind wild und gefährlich, sie enden manchmal tödlich. Das liegt daran, dass sich nur Männchen, die ein eigenes Revier besitzen, fortpflanzen können.

15

Gepardin auf Partnersuche

Die Weibchen folgen den Beutetieren und ziehen deshalb im Jahresverlauf durch viele verschiedene Männchenreviere. Meistens versuchen sie dann, den ruppigen Katern möglichst auszuweichen. Nur wenn ein Weibchen läufig ist, signalisiert sie dies mit Rufen und hinterlässt ebenfalls Harnmarken, um die Männchen auf sich aufmerksam zu machen. Die Duftmarken, die Männchen zur Abschreckung anderer Männchen in ihrem Revier hinterlassen, werden nun für läufige Weibchen zum Hinweis, dass sie hier einen starken Partner finden können. Die Begegnungen können sehr unterschiedlich ablaufen. Manchmal kommt es sofort zur Begattung, manchmal gehen die Tiere aber auch scheinbar unfreundlich miteinander um. Das kleinere und leichtere Weibchen verhält sich in den meisten Fällen zunächst sehr kratzbürstig und abweisend. Die Kater müssen ihr erst beweisen, dass sie wirklich die Revierbesitzer sind. Dafür müssen sie besonders stark und mutig auftreten. Für uns sieht das manchmal so aus, als würden sie miteinander kämpfen. Aber ohne die Bereitschaft des Weibchens

paaren sich meistens alle Männchen mit dem Weibchen. Die Jungen in einem Wurf, das können bis zu acht Babys sein, haben deshalb manchmal verschiedene Väter.

Die Zweisamkeit dauert höchstens eine Woche, dann wandert das Weibchen allein weiter. Insgesamt spielen viele Gründe eine Rolle, damit das Weibchen läufig wird oder den Partner annimmt. Dies hat lange zu geringen Nachzuchten in Gefangenschaft geführt.

würde es nicht zur Paarung kommen. In der Erregung schlägt sie manchmal nach dem Partner, doch bald liegen sie wieder ruhig beieinander. Das kann so einige Tage gehen. Wenn mehrere Männchen ein Revier gemeinsam erobert haben,

Wenn Gepardenweibchen nicht trächtig sind oder keine Jungen führen, werden sie regelmäßig in mehr oder weniger kurzen Abständen läufig. Das bedeutet, dass Geparde keine spezielle Jahreszeit für die Fortpflanzung haben. Außerdem können Mütter, die ihre Jungen verloren haben, in kurzer Zeit für neuen Nachwuchs sorgen.

Die Kinderstube im Busch

Nach einer Tragzeit von ungefähr drei Monaten kommen die kleinen Geparde auf die Welt.

Für ihre Kinderstube hat die Gepardin hier einen kleinen Busch ausgesucht, der von dichten Gräsern umgeben ist. Das Lager wird durch Drehen und Wenden auf dem Boden nur wenig vorbereitet, denn das Versteck soll möglichst nicht auffallen. Diesmal hat sie vier Junge bekommen. In einigen Fällen können es auch bis zu acht Kätzchen sein, die dann zwischen 150 und 300 Gramm wiegen. Je mehr Junge geboren werden, desto leichter sind sie.

Die kleinen Katzen kommen blind und zart grau mit silbrigem Flaum zur Welt. Sie werden von der Mutter gesäugt, deren Zitzen jetzt in einem verlängerten weichen Bauchfell verborgen sind. Damit kann sie die Kleinen auch besser wärmen, denn die kühlen ohne Schutz leicht aus. Nach jedem Säugen werden die Kleinen ausgiebig sauber geleckt, damit

sich kein Schmutz im Lager ansammelt und kein Geruch das Versteck verrät.

Die Augen öffnen sich nach einer Woche, aber die Jungen tapsen noch sehr unbeholfen umeinander herum und halten Körperkontakt, um sich gegenseitig aufzuwärmen. Die Mutter braucht nun viel Nahrung, weil sie Milch geben muss. Deshalb geht sie fast jeden Tag auf die Jagd und die Babys bleiben für Stunden zusammengekuschelt alleine. Bei kühlem, nassem Wetter ist dies für die Kleinen sehr ungesund.

19

Gefährliche Zeit für Gepardenbabys

Das Leben im Versteck dauert ungefähr sechs bis acht Wochen. Diese Zeit ist die gefährlichste für die kleinen Geparde und ihre Mutter. Sie könnten von Löwen, Hyänen oder Leoparden aufgespürt werden – Feinden, vor denen die Mutter sie kaum beschützen kann. Lediglich kann sie versuchen sie abzulenken. Selbst Schakale und einige Greifvögel können ihnen gefährlich werden, wenn die Gepardin gerade nicht beim Versteck ist. Auch große Huftiere, vor allem Büffel, sind dafür bekannt, kleine Raubkatzen sofort anzugreifen und zu zertrampeln, wenn sie die Möglichkeit dazu haben. Die Gepardenmutter ist ständig auf der Hut. Bevor sie zu einem Beutezug aufbricht, mustert sie lange die Umgebung.

Erst wenn sie sicher ist, dass sie nicht beobachtet wird, verlässt sie unauffällig das Versteck. Genauso vorsichtig ist sie bei der Rückkehr. Nur wenn sie sich ganz sicher fühlt, schlüpft sie in das Lager, um ja keinen Räuber darauf aufmerksam zu machen.

21

Umzug der Gepardenkinder

Das Wurfversteck wird nach einigen Tagen verlassen. Das ist wichtig, weil die Lager schnell auffällig werden. Zwar versucht die Mutter, alles sauber zu halten, aber bald ist das Gras zertreten und wird braun. Das ist dann leicht zu erkennen und kann das Lager verraten. Hier hat die Mutter fast zehn Tage mit dem ersten Umzug gewartet, wahrscheinlich wollte sie die sehr empfindlichen Babys möglichst lange schonen. Später zog sie alle vier bis sechs Tage um.

Sie kennt die Umgebung gut und hat mehrere Ausweichquartiere. Das erste ist nur 250 m vom Geburtsplatz entfernt. Nachdem sie wieder lange die Umgebung beobachtet hat, packt sie behutsam eines nach dem anderen und trägt es in das neue Lager. Nach fünfzehn Minuten ist es geschafft. Kein Kätzchen wurde dabei verletzt, sondern hing in der

»Tragstarre« völlig bewegungslos mit seinem Nackenfell im Maul der Mutter.

Um die neue Lagermulde wächst hohes, dichtes Gebüsch. Ein gutes Versteck für die Gepardenkinder. Der »Lagerwechsel« ist sehr wichtig. Schon in den ersten Wochen sterben Dreiviertel aller Babys durch gefährliche Nachbarn, wie Löwen und Leoparden.

Nun können sich die Jungen wieder gut im hohen Gras verstecken, wenn die Mutter fort ist. Die Lagermulde in der Mitte bleibt leer und die Kleinen haben die Chance, von Feinden übersehen zu werden.

Jugendzeit

Kleine Geparde spielen gern und sind schrecklich neugierig. So, wie wir es bei Hauskatzen beobachten, raufen sie miteinander, schleichen sich aneinander an und machen auch vor der Mutter nicht Halt.

Später, wenn sie ein paar Monate alt sind, können sie ihre Krallen nicht mehr vollständig einziehen. Dadurch nutzen sich die Krallen ab und die erwachsenen Geparde klettern nicht mehr so häufig.

Mal erhaschen sie eine kleine Eidechse oder scheuchen einen Vogel auf. Sogar auf Bäume klettern sie gewandt, denn in diesem Alter finden sie mit ihren Krallen problemlos Halt in der Rinde von Bäumen. Manchmal rutschen sie beim Herumtollen ab und hängen unbeholfen beim Klimmzug an irgendwelchen Ästen.

Für die Jungen ist die Kletterfähigkeit von großem Nutzen, denn oben auf einem Baum sind sie zumindest vor einer gefräßigen Hyäne in Sicherheit. Ein immer wiederkehrendes Ritual ist das gegenseitige Putzen des Fells. Dabei werden manchmal Reste der letzten Mahlzeit entfernt, oft ist es aber auch nur eine »Familiendusche«, die die Mutter den Kleinen zukommen lässt. Sie hält das Fell sauber und trägt zu einer behaglichen Stimmung in der Gruppe bei.

Auf der Jagd

Sind die jungen Geparde sechs bis acht Wochen alt, verlassen sie die Verstecke und begleiten ihre Mutter nun ständig. Gepardenweibchen sind dauernd unterwegs, weil sie immer wieder neue Jagdgebiete finden müssen, in denen die Beutetiere ihre Gegenwart noch nicht bemerkt haben. Für die Mutter geht eine anstrengende Zeit zu Ende, dafür steht sie vor neuen Herausforderungen: Viele Huftiere in der Nähe werden nun sofort auf sie aufmerksam, weil die Kleinen bei ihren Spielen oft sehr auffällig um sie herumtoben. Lange stillzusitzen fällt ihnen schwer, das ist eben bei allen Kindern so – nicht nur in der Schule!

Für die angehenden flinken Jäger ist es ganz wichtig, schon von klein auf viel zu üben und zu trainieren. Nur dadurch erreichen sie nach vielen Monaten die Geschicklichkeit und das Tempo, die sie später bei der Jagd brauchen. Die Mutter wird dabei oft als große »Übungsbeute« angegriffen. Sie erträgt das mit einer Engelsgeduld, denn wenn ihre Kinder später erfolgreiche Jäger sein sollen, brauchen sie diese Übungen.

etwas Deckung. Hohe Grasbüschel oder vereinzelte Büsche genügen ihnen.

Aber die Gazellen sind sehr vorsichtig. Sie bleiben lieber an freien, gut übersichtlichen Stellen, wo sie einen Gepard schon aus großer Entfernung sehen und rechtzeitig flüchten können. Dann muss der Jäger sehr geduldig sein. Die Gazellen achten nämlich besonders auf jede Bewegung, die einen näher kommenden Feind anzeigt.

Wenn der Gepard sich über viele Minuten sehr langsam, Schritt für Schritt, anschleicht, bemerken die Grasfresser ihn manchmal nicht. Erst wenn er auf weniger als 50 m herangekommen ist,

Leider wird es dadurch für die Mutter nicht gerade einfacher, sich ungesehen an die Beute anzuschleichen.

Der Körper eines Gepards ist für die Jagd geschaffen. Schlank, geschmeidig, feste Pfoten mit Krallen, die wie die Spikes von Rennschuhen beim Laufen Halt geben. Ihre langen, dünnen Beine sind bestens zum schnellen Laufen geeignet. Geparde können sich dafür aber nicht so gut ganz flach an den Boden drücken wie Löwen oder Leoparden. Sie brauchen deshalb zum Anschleichen immer

lohnt sich ein Jagdversuch: Die Gazellen sind sehr flink und laufen fast genauso schnell wie ein Gepard.

Geparde haben breite Nasengänge, um gut Luft zu bekommen. Dafür gibt es aber nur wenig Platz für ihr Gebiss – ihre Zähne sind ziemlich schwach.
Zum blitzschnellen Rennen haben sie eine große Lunge, dazu ein sehr leistungsstarkes Herz, wie ein Leistungssportler. Trotzdem können sie die Spitzengeschwindigkeit nicht lange durchhalten. Ihre Muskeln werden schnell so warm, dass sie sich bald ausruhen und abkühlen müssen. Die Jäger laufen deshalb nur kurze Strecken in sehr hohem

Tempo. Spätestens nach 400 m geben sie auf.

Wenn sie junge Gazellen finden, sind ihre Aussichten auf Erfolg aber viel besser. Auch wenn die Kitze schon verblüffend flink sein können, ist ihnen ein ausgewachsener Gepard natürlich weit überlegen. Dann ist die Jagd auch schon mal länger als 400 m, denn die Katze kann sich Zeit lassen und muss nicht im Höchsttempo rennen.

Die Jungen merken sofort, wenn ihre Mutter es »ernst« meint: Sie muss ihnen keine Signale geben, ihre extrem angespannte Haltung genügt und die Kleinen bleiben mucksmäuschenstill zurück.

30

Die hungrige Mutter nimmt sich deshalb lange Zeit, um nach einer einfach zu fangenden Beute Ausschau zu halten: nach einem Jungtier am Rande einer Herde oder einem Kitz, dass sich in seinem Versteck durch eine Bewegung verrät. Wenn sie ein Ziel entdeckt hat, heißt es für die Jungen »aufpassen«. Die Beute kann manchmal fast einen Kilometer entfernt sein. Deshalb geht das Weibchen zunächst zügig los. Erst wenn es näher kommt, wird es immer vorsichtiger und lässt die Gazellen nicht aus den Augen. Sobald ein Tier den Kopf hebt, erstarrt die Gepardin, damit sie nicht wahrgenommen wird. Tagsüber ist es meistens so warm, dass die Luft dicht über dem Boden flimmert. Das Fleckenmuster des Fells lässt sie dann mit der Umgebung verschmelzen – sie wird fast unsichtbar für die Gazellen, obwohl sie im Freien steht.

31

Nach und nach kommt sie so immer näher, bis sie sicher ist, dass die Gazelle ihr nicht mehr entkommen kann. Dann sprintet sie los. Pfeilschnell, den Kopf zwischen die Schultern

gezogen, rast sie mit langen Sätzen, die bis zu sieben Meter weit sein können, den Rücken gespannt wie eine Stahlfeder, auf die Beute zu.

Die Gazelle flüchtet, schlägt Haken, so dass die Angreiferin einige Male ins Leere läuft. Doch die Geschwindigkeit der Gepardin ist übermächtig.

Bald hat sie ihr Opfer erreicht und schlägt ihm mit einem Pfotenhieb die Hinterbeine zur Seite. Dabei setzen Geparde manchmal eine »Daumenkralle« ein, die auf der Innenseite der Vorderbeine sitzt. Bei dem Tempo verliert die Gazelle die Kontrolle und überschlägt sich mehrmals.

Sofort packt die Angreiferin die Kehle und drückt die Halsschlagader ab. Das Gehirn der Gazelle wird jetzt nicht mehr mit Blut versorgt, und nach der Anstrengung des schnellen Laufs ist sie in wenigen Sekunden bewusstlos.

Mahlzeit!

Die Gepardin trägt ihre Beute zu den Jungen, die schon hungrig warten. Gierig stürzen sich die Kleinen darauf, während sich die Mutter von der Jagd ausruht. Immer lässt sie ihre Jungen zuerst fressen. Die Jagd hat viel Kraft gekostet. Wir wissen, wie es ist, wenn wir schnell

Jagd gehen und wäre erst einmal satt. Führt sie Junge, jagt sie täglich. Geparde fressen immer so viel auf einmal von ihrer Beute, wie sie können. Tagelang liegen gebliebene Beute, so genanntes Aas, fressen sie nicht.

rennen. Bald sind wir außer Atem, keuchen, das Herz schlägt schneller und wir schwitzen. Bei der Gepardin fliegt der Atem nach 20 Sekunden, ihr Herzschlag erhöht sich auf 140 Schäge pro Minute und ihre Körpertemperatur steigt bis auf 40 Grad, weil ihre enorme Muskelleistung in Wärme umgesetzt wird.

Langsam kommt die Mutter zur Ruhe. Sobald ihre Jungen satt sind, frisst sie, um neue Kräfte zu sammeln. Normalerweise würde sie alle zwei bis drei Tage auf die

Fremde Mitesser – Beutediebe

Meistens wird die Beute in freiem Gelände geschlagen. Dort sind die Geparde aus großer Entfernung zu sehen und viele Geier kommen sofort angeflogen, um etwas von den Fleischresten zu ergattern. Dadurch werden manchmal auch Löwen oder Hyänen aufmerksam, so dass es für eine Mutter mit kleinen Geparden gefährlich ist, lange an einem Riss im Freien zu sein. Die Gepardin schleppt das Opfer deshalb in die Deckung eines Busches oder in höheres Gras. Das ist alles sehr anstrengend.

Während die Kleinen sich hungrig mit viel Fauchen und Knurren auf das Futter stürzen, versucht die erfolgreiche Jägerin nun noch die Beutediebe, wie diese Geier und Hyänen, abzulenken.

Wehrhafte Beutetiere

Jede Jagd bringt auch für den Jäger Risiken. Er kann ein Loch im Boden übersehen und sich ein Bein verletzen. Erwachsene Beutetiere haben oft gefährliche, spitze Hörner oder schlagen mit harten Hufen aus. Weil Gepardinnen alleine mit ihren Jungen unterwegs sind, ist die Mutter die einzige Nahrungsbeschafferin. Wenn sie sich verletzt und deshalb nicht mehr schnell laufen kann, müssen alle hungern. Im schlimmsten Fall stirbt die ganze Gruppe.

Geparde suchen sich deshalb Beutetiere aus, die nicht zu groß sind. Üblicherweise sind sie kaum schwerer als 50 Kilogramm. Dazu gehören vor allem die hübschen Thomson-Gazellen, aber auch Schwarzfersenantilopen, Ducker, kleine Ferkel von Warzenschweinen und Hasen.

Wenn mehrere große Männchen gemeinsam jagen, wagen sie sich aber manchmal sogar an ausgewachsene Gnus oder gar Zebras heran. Das ist dann ein gefährlicher Kampf. Weibchen greifen Gnus nur selten an und dabei suchen sie die Kälber oder höchstens ein halbwüchsiges Tier aus. Auch dabei geht es oft ziemlich wild zu, denn die Antilope wehrt sich nach Kräften. Wehe, wenn die Gepardin von einem Horn oder einem Huftritt getroffen wird!

Unerfahrene Jäger

Die Jagd von Geparden erfordert viel Geschick und Erfahrung. Die Jungen müssen lange üben, bis sie die Perfek-

tion ihrer Mutter erreichen. Sobald sie das Wurfversteck verlassen, beginnt ihre »Ausbildung«. Zuerst sind es nur die Geschwister, die verfolgt und niederge-rungen werden, immer nur wenige Meter

neben der wachsamen Mutter. Aber bald bringt sie ihnen schon »Anschauungs-material«. Wenn sie ein kleines Kitz er-beutet hat, lässt sie es am Leben und trägt es zu ihren Jungen. Die sind zuerst etwas eingeschüchtert, beginnen aber bald auch mit diesem neuen »Spiel-kameraden« ihre üblichen »Jagen-und-Haschen-Spiele«. Nach einiger Zeit sind sie alle dann manch-mal so müde, dass sie sich zusammenkuscheln und gemeinsam ausruhen – Katzen und Kitz.

Einige Wochen später sieht es dann schon ganz anders aus. Unter den aufmerksamen Blicken der Mutter machen die Jungen sehr energische Jagdspiele und beherrschen mit drei Monaten alle typischen Jagdtechniken: Verfolgen, Umwerfen und Kehlbiss. Auch wenn sie noch nicht kräftig genug zubeißen können, um die Beute wirklich zu töten, sieht das für uns als Zuschauer doch etwas beklemmend aus: Babys jagen Babys!

Nach 12 Monaten überlässt die Mutter mehr und mehr den Jungtieren die Führung bei der Jagd. Wenn einfache Beute gesichtet ist, beispielsweise junge Gazellen, hält sie sich zurück und schaut den Bemühungen der Lehrlinge oft nur zu. Nach und nach sammeln die Nachwuchsjäger wichtige Erfahrungen, so dass sie mit 18 bis 20 Monaten für sich selbst sorgen und von der Mutter verlassen werden können.

Gefährliche Rivalen

Geparde teilen sich ihren Lebensraum mit vielen Tieren. Manche sind für sie ohne erkennbare Bedeutung, manche jagen sie, von manchen werden sie aber gejagt.

Unter allen Raubtieren gibt es eine heftige Konkurrenz. Das liegt daran, dass Fleisch eine sehr gute und sättigende Nahrung ist. Für eine Antilope lohnt es nicht, sich um ein paar Bissen Gras zu streiten. Davon gibt es viel und es macht nicht lange satt. Bei Löwen, Hyänen, Leoparden und Geparden können ein paar Bissen Fleisch aber helfen, die nächste Woche zu überleben.

Deshalb streiten Fleischfresser viel häufiger untereinander und versuchen, sich gegenseitig die Beute fortzuschnappen. Hyänen oder Löwen nehmen so manchem erschöpften Gepard die gerade mühsam erlegte Beute weg, um sie selbst zu verzehren. Mit ihrem schwachen Gebiss und dem schlanken, leichten Körperbau können Geparde sich gegen die großen Rivalen nicht behaupten.

Raubtiere zögern nicht, die Konkurrenten sogar umzubringen, wenn es ihnen ohne allzu großes eigenes Risiko möglich ist.

So töten Raubtiere fremde Jungtiere, wenn sie aufgespürt werden. Viele kleine Geparde verlieren deshalb noch im Wurfversteck ihr Leben. Geparde sind zum Glück ja besonders schnell, so dass ihnen meist gelingt Feinden auszuweichen.

Sobald die Jungen also das Lager verlassen können, ist es für sie etwas einfacher, davonzurennen, wenn ihre Mutter die Gefahr rechtzeitig erkennt. Die Gepardin gibt sich dann oft sogar Mühe, die Löwen richtig zu ärgern, damit sie von ihren Jungen abgelenkt werden. Immer wieder geht sie frech auf die mächtigen Raubkatzen zu, bis diese wütend hinter ihr herkommen.

Damit lockt die Mutter die Löwen immer weiter von ihren Jungen fort. Leider geht das nicht immer gut, und es kommt vor, dass kleine Geparde Löwen oder Hyänen zum Opfer fallen. *(Bild rechts)*

41

Menschen im Gepardenland

Der schlimmste Feind des Gepards ist aber der Mensch. Und gegen den kann er sich nicht wehren. Durch die zunehmende Besiedlung werden die Lebensräume der Geparde immer mehr eingeschränkt. Felder, Dörfer und Straßen bedeuten das Ende der Geparde. Sie finden keine Beute mehr und wenn sie sich an Schafen oder Ziegen vergreifen, werden sie gnadenlos gejagt.

Ihr schönes Fell wurde ihnen schon vor hunderten von Jahren zum Verhängnis. Zunächst Häuptlinge, dann Könige und Adlige, letztendlich später auch modebewusste Damen schmückten sich mit dem wunderschön gezeichneten Fell. Dies,

zusammen mit dem anfangs schon geschilderten Jahrtausende alten Brauch, Geparde als Jagdtiere zu fangen, hat sie fast ausgerottet.

Schon ein einziger Gepard lockt Scharen von Touristen an, eine 7-köpfige Gepardenfamilie ist eine Sensation.

Heute spielen Geparde in den Naturschutzgebieten Afrikas eine wichtige Rolle im Tourismusgeschäft. Viele Menschen möchten die herrlichen Katzen nicht nur im Zoo, sondern einmal im Freiland bewundern. Dies hilft den armen afrikanischen Ländern Eintrittsgelder einzunehmen – für die Katzen wird es aber eine immer größere Belastung.

Wenn du einmal Geparde draußen beobachten möchtest, denke immer daran, dabei möglichst wenig Störungen der schönen Tiere zu verursachen. Ihr Leben ist schon schwierig genug!

Es war einmal

Einst waren die Geparde über ganz Afrika verbreitet, mit Ausnahme der Regenwälder. Man schätzt, dass es um das Jahr 1900 noch bis zu 100 000 Exemplare gab. Dann machte die zunehmende Besiedlung und die Trophäenjagd ihnen das Leben immer schwerer.

Der Gepard braucht das offene Land, die Savanne oder Steppe, über die er weit schauen kann und in der er sich selbst vor Feinden am sichersten fühlt. Seine Lebensräume werden durch die wachsende Bevölkerung eingeschränkt. Klimaveränderungen kommen hinzu.

In Afrika schätzt man die Anzahl der Geparde heute auf 5 000 bis 10 000 Tiere, von denen die meisten inzwischen in Schutzgebieten leben. Das gepardenreichste afrikanische Land ist heute Namibia.

Die Geparde leben dort auf den riesigen Viehfarmen, wo man Löwen und Hyänen ausgerottet hat. Deshalb überleben dort so viele kleine Geparde, dass man sie inzwischen als Plage ansieht.

Von den asiatischen Verwandten, die es in Zentralasien und Teilen Indiens gab, leben nur noch 60 bis 100 Tiere im Norden des Irans. Die asiatischen Geparde gelten somit als nahezu ausgerottet.

Leider gibt es noch immer Menschen, die nach Afrika reisen, nur um exotische Tiere zu schießen. Es ist schade, dass so schöne Tiere dann als Schmuckobjekt in einem Wohnzimmer enden.

Unsere weiteren Fotosachbücher: brillant, informativ,

978-3-930038-45-9

978-3-930038-13-8

978-3-930038-24-4

978-3-930038-17-6

978-3-930038-74-9

978-3-930038-15-2

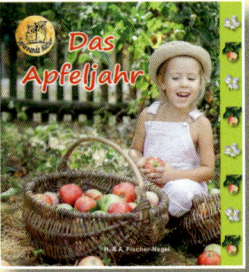
978-3-930038-04-6

978-3-930038-64-0

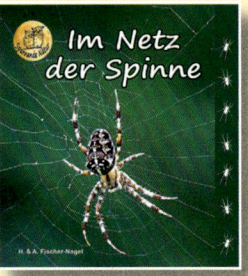
978-3-930038-68-8

978-3-930038-38-1

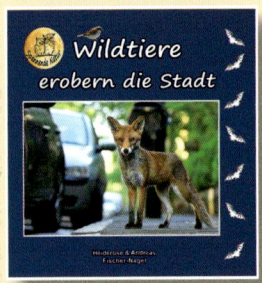
978-3-930038-67-1

978-3-930038-25-1

978-3-930038-87-9

978-3-930038-46-6

978-3-930038-47-3

978-3-930038-49-7

978-3-930038-31-2

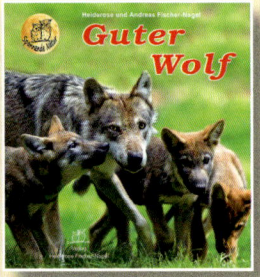
978-3-930038-36-7

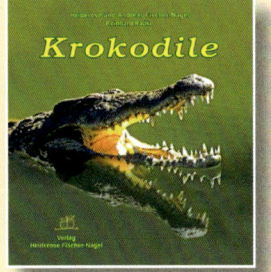
978-3-930038-35-0

978-3-930038-73-2

In Ihrer Buchhandlung oder Verlag Heiderose Fischer-Nagel, Brunnenstraße 7, D-34286 Spangenberg-